ESTRELLAS DE LA LITERATURA

JUEGOS Y SUEÑOS

AUTORES

MARGARET A. GALLEGO
ROLANDO R. HINOJOSA-SMITH
CLARITA KOHEN
HILDA MEDRANO
JUAN S. SOLIS
ELEANOR W. THONIS

HARCOURT BRACE & COMPANY

Orlando   Atlanta   Austin   Boston   San Francisco   Chicago   Dallas   New York
Toronto   London

Acknowledgments
For permission to reprint copyrighted material, grateful acknowledgment is made to the following sources:
Ediciones Júcar: Mi papá y yo somos piratas by Jesús Zatón. Copyright © 1987 by Ediciones Júcar. Published by Ediciones Júcar, Gijón, Spain.
Ediciones SM: Pablito by Asun Balzola. Copyright © 1989 by Ediciones SM. Published by Ediciones SM, Madrid, Spain.
Ediciones SM: La canción más bonita by Max Bolliguer. Original title, *Das schönste Lied,* by Verlag Ernst Kaufmann Lahr, translated from the German version by Marta Ruiz Corbella. Copyright © 1980 by Bohem Press, Zürich. Spanish version copyright © 1981 by Ediciones SM. Published by Ediciones SM, Madrid, Spain.
Laredo Publishing Co., Inc.: "Velerito," "Diálogo," "La sirena," "El lenguaje de la naturaleza," by Ela Ferrè, from *Voces de mi tierra.* Copyright © 1993 by Laredo Publishing Co., Inc. Published by Laredo Publishing Co., Inc., Torrance, California.
Every effort has been made to locate the copyright holders for the selections in this work. The publisher would be pleased to receive information that would allow the correction of any omissions in future printings.

Photo Credits
Key: (t) = top, (b) = bottom, (c) = center, (bg) = background, (l) = left, (r) = right

11, Michael Portzen/Laredo Publishing; 12–13, Michael Portzen/Laredo Publishing; 40–41, HBJ/Maria Paraskevas; 44–45, Michael Portzen/Laredo Publishing; 62–63, HBJ/Maria Paraskevas; 66–67, Michael Portzen/Laredo Publishing.

Illustration Credits
Cover by Misuk Pak; Armando Martínez, 4, 5;
Paul Ely, 8–10; Haydee Kratz, 38, 39, 64, 65; Ludmil Dimitrov, 42, 43;
Pablo Torrecilla, 60; Wendy Ross, 62, 63; Wendy Chang, 92–96.

Printed in the United States of America.

ISBN 0-15-304438-1

9 10 11 12 048 00 99 98 97

Querido amigo:

¿Te gusta inventar juegos de aventuras y visitar lugares interesantes en tu imaginación? Aquí conocerás a unos niños que lo hacen muy bien. Al leer estos cuentos y poemas también pensarás mucho. ¿Has pensado alguna vez en ti mismo?

¿Has pensado que eres igual o distinto a los demás? Al leer este libro, quizás puedas conocerte mejor a ti mismo.

Que disfrutes de la lectura,

Los autores

JUEGOS Y SUEÑOS

Í N D I C E

MI FAMILIA Y YO / 6

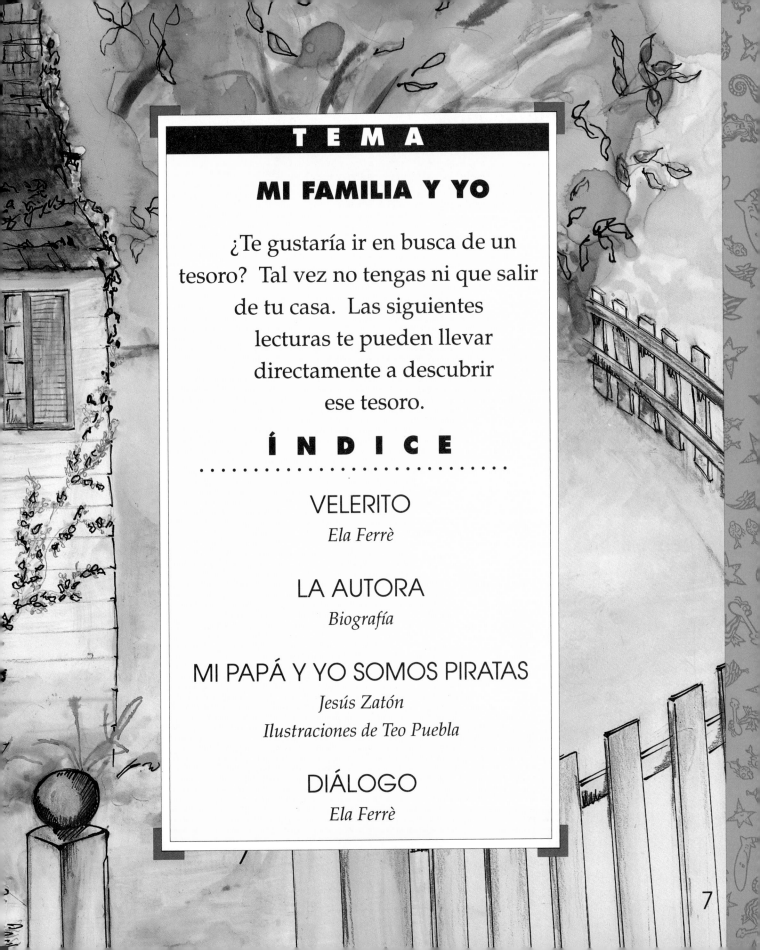

TEMA

MI FAMILIA Y YO

¿Te gustaría ir en busca de un tesoro? Tal vez no tengas ni que salir de tu casa. Las siguientes lecturas te pueden llevar directamente a descubrir ese tesoro.

ÍNDICE

Velerito

Velerito, velerito,
amiguito de verdad,
yo quisiera irme contigo
al otro lado del mar.

A visitar tanta gente,
de blancas casas de cal.
Adentrarme entre las islas
y a los piratas jugar.

Y si mucho frío me cogiera
por adentrarme en el mar
le pediría prestado
su traje al oso polar.

Gigante amigo peludo,
blanquísimo oso polar,
¿no ves que frías mis manos
saltan de tanto temblar?

9

Y si el tiempo me sobrara
le cosería un buen frac
a nuestro amigo el pingüino
para que vaya a bailar.

Mas luego, tendré miedo
a la hora de cenar...
... Y a la hora de dormir,
¿quién me iba a besar?

Velerito, velerito,
amiguito de verdad,
vamos corriendo a mi casa
¡quiero a mi madre abrazar!

Ela Ferrè

La autora

«Siempre me gustaron los niños y los animales» cuenta Ela Ferrè. «Siempre me acerco a ellos y ellos siempre se me acercan».

Esto es lo que ocurre en la escuela donde Ela Ferrè enseña. Los niños escuchan con atención los cuentos y poemas que su maestra escribe y lee para ellos.

Ella nació en España pero escribe su apellido con un acento catalán, no español. Vino a los Estados Unidos con su familia hace años y se dedicó a escribir y a enseñar.

Todos los poemas que se encuentran en este libro los escribió Ela Ferrè. Seguramente te van a gustar. Al leerlos, te animarás a leer más y quizás a escribir tú también como Ela Ferrè, que aún recuerda cuando era niña y leía cuentos de hadas que sus padres le habían contado antes de que supiera leer.

11

Mi papá y yo somos piratas

Jesús Zatón / Teo Puebla

Por la noche,
después de cenar,
limpiarme los
dientes y ponerme el
pijama, voy a la
habitación de papá.
Entonces me lee un cuento o
jugamos a saltar encima de la cama, o nos
peleamos como dos osos.

15

Pero a mí lo que más me gusta es jugar
a piratas.

—Tú eres el grumete —dice papá— y yo
el capitán.

—De eso nada —replico—. Tú serás el
grumete y yo el capitán.

—Vamos a ver —dice entonces papá—.
¿Quién es el más grande?
Doy un salto y me pongo de puntillas,
o agarro una silla, la coloco encima
de la cama y me subo en ella.
—Está bien —reconoce papá—.
Tú eres el más grande, pero aún así no
puedes ser capitán.

—¿Que no puedo?

—Por supuesto que no —asegura papá—.
¿Dónde se ha visto un capitán sin barba?
Mientras lo pienso, papá ya ha tomado
el mando del barco.

—¡Grumete! —ordena el capitán—. ¡Que
eleven anclas e icen la bandera negra!

De mala gana transmito la orden. A los
pocos minutos la cama se transforma en
un veloz bergantín de cuatro velas y diez
cañones.

—¿Cuál es el rumbo, mi capitán?
El capitán baja hasta el camarote que
está debajo del edredón, consulta el mapa
y me susurra al oído.

—Estos mares son peligrosos.

Luego mira las nubes, husmea el aire y
dice con aire de entendido:

—Me temo que pronto tendremos
borrasca.

A mí no me asustan ni las borrascas ni
los huracanes, así que propongo mantener
el rumbo hasta la isla de las tortugas.

—¿Te has vuelto loco, pequeño grumete?
—brama el capitán—. Ir a la isla de las
tortugas es ir derecho a la muerte.

No me gusta que el capitán me diga
pequeño grumete, ni que me llame
loco. Además, un capitán que
tiene miedo a las tempestades y que no
se atreve a ir hasta la isla de las tortugas,
no merece ser capitán pirata; así que
organizo un motín y me lanzo sobre él
cuando está desprevenido.

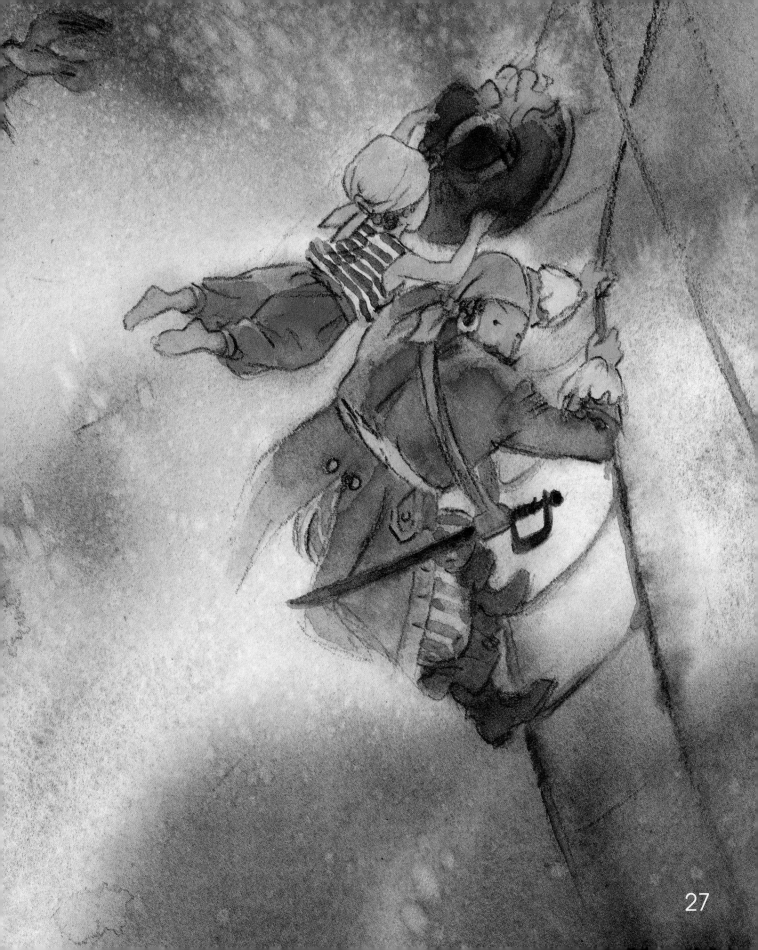

Le amenazo con el sable, pero le
perdono la vida a condición de que
reconozca que ahora el capitán soy yo.
Papá tiene tanto miedo que apenas si
consigue tartamudear.

—A sus órdenes mi capi... capitán.
Entonces tomo el mando del barco y
nos dirigimos a la isla de las tortugas.

El mar se embravece y el temporal amenaza con hacernos naufragar, pero nuestro bergantín resiste. Luego, tranquilamente, arribamos en la isla, escondemos nuestro tesoro y nos aprovisionamos de agua y comida.

—¡Todos al barco! —grito; y mi grito retumba como diez huracanes juntos.

Abordaremos a los barcos del rey,
asaltaremos a los ricos comerciantes. Nada
ni nadie podrá detenernos.

—¡Cuidado! —grita papá.

Tomo el catalejo y miro el horizonte.

—¡Rayos! —exclamo—. Nuestro peor
enemigo se acerca. ¡Todos a sus puestos de combate!

—Todos en sus puestos —grita papá.

—¡¡Preparen los cañones!!

—Preparados, capitán —ruge papá.

—¡¡¡Fuego!!!

—¡¡¡Fuego!!! —repite papá, y empieza la gran batalla.

Papá y yo comenzamos a lanzar una y otra vez los cojines de nuestra cama contra el barco enemigo. El enemigo capitaneado por mamá, parece retroceder, pero no, almacena nuestras municiones y se lanza contra nosotros.

Los cojines caen por todas partes.

—¡¡Al abordaje!! —grito con furia y me
lanzo a una lucha cuerpo a cuerpo contra la
capitana enemiga.

El combate es duro y peligroso. Al final
el enemigo vence.

Entonces viene lo peor; mamá me toma
como rehén y me lleva hasta mi cama.

—Ya es hora de ir a dormir —dice, y me
da un beso y apaga la luz.

Diálogo

—Mamita, yo quiero
un caballo negro.
—Niño, él no galopa
cual tu risa loca.
—Mamita, yo quiero
aquellos luceros.
—Niño, ellos no brillan
como tu sonrisa.
—Entonces, yo quiero
abrazar el cielo.
—Si asomas tus ojos
a los ojos míos
tendrías, mi niño,
un caballo moro,
doscientos luceros
y el enorme cielo.

Ela Ferrè

T E M A

ASÍ ME SIENTO YO

¿Alguna vez has ido de vacaciones al campo o al mar? ¿Cómo te sentiste? ¿Qué te parece lo enorme y poderoso que es el mar? Los relatos que siguen quizás te traigan recuerdos muy bonitos del campo o del mar.

Í N D I C E

41

La sirena

A la niña le gustaba
ir a la playa
y jugar a las sirenas.
Tenía los pies cubiertos
de espuma de mar
que eran su cola.
Y en la arena levantó
un castillo donde vivía
de noche envuelta en las olas,
la sirena.

Las caracolas se inventaban personas
y vivían en otros castillos de arena
en el fondo del mar.
Un día, a la niña,
un rayo de sol la hirió en la cara.
Se enojó mucho.
Por eso,
ahora lleva su gorro de marinero
a la playa.

Ela Ferrè

La mar, Pablito,
la mar, allá lejos,
sostiene un barquito.

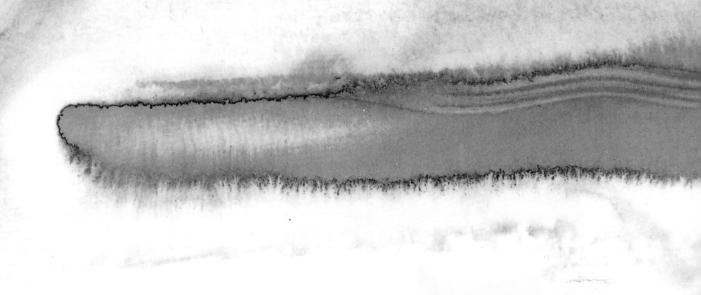

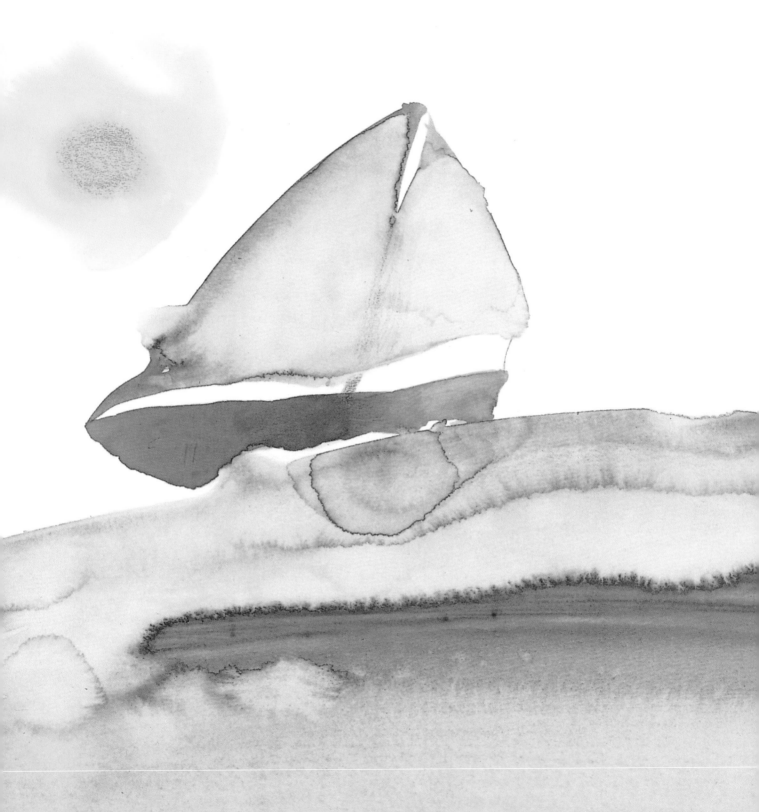

Baila, baila,
velero de madera pintada.

Las olas doradas
te sirven de cuna.

Pablito tiene un sombrero,
camisa de flores,
bañador de rayas.

51

El agua moja los pies de Pablito,
duermen los mejillones
y se escapa el cangrejito.

53

Rompen las olas
sin hacer ruido
y Pablo levanta un castillo.

La mar, Pablito,
la mar, allá lejos,
se lleva el barquito.

Por el agua clara,
por la blanca espuma,

gaviotas y peces
le hacen compañía.

¿Qué te parece?

1. ¿Es Pablito un niño descuidado?
   ¿Por qué?
2. Si fueras a la playa con un
   barquito, ¿qué harías?
3. Al final, ¿qué crees? ¿Qué le
   pasó al barquito de Pablito?

Escribe en tu diario

Me gusta ir a la playa porque . . .

El lenguaje de la naturaleza

Recuerdo, hace mucho tiempo, cuando era niña,
un verano que pasé con mi padre al lado del
mar.
Aprendí entonces a conocer
el lenguaje del viento y del mar.
El silencio
es el fondo que utiliza la naturaleza
para hablar.
Sobre él se destaca
el silbido del viento entre los pinos,
la canción del agua
contra las rocas,
el quejido
de mi ventana
cuando la movía el viento
y tantos otros sonidos que puedes entender
si escuchas.

Ela Ferrè

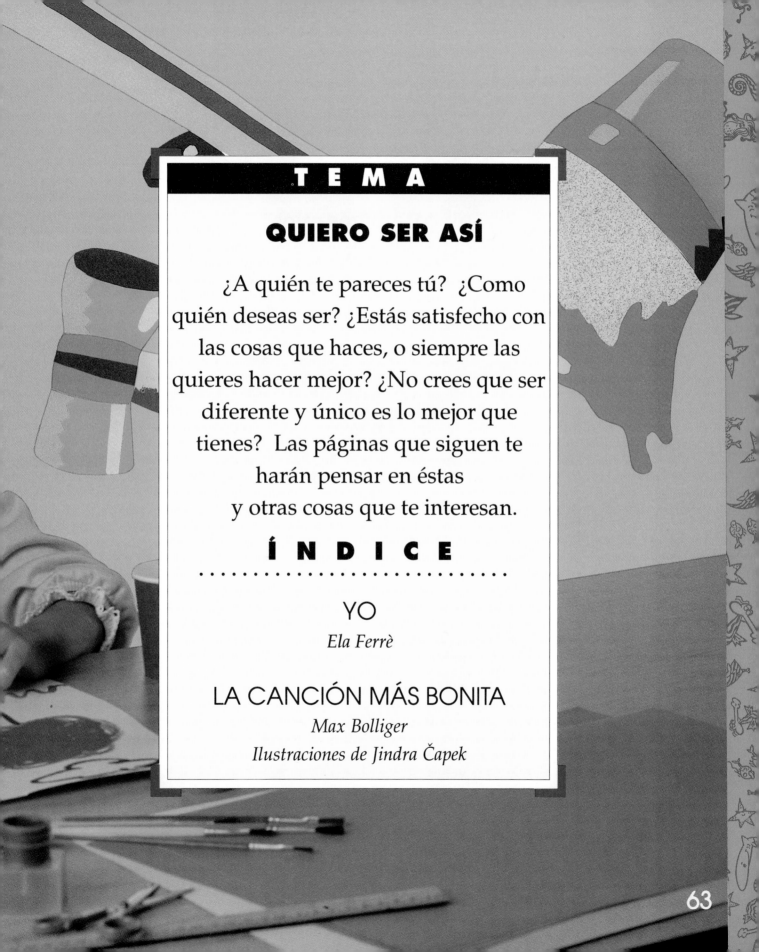

TEMA

QUIERO SER ASÍ

¿A quién te pareces tú? ¿Como quién deseas ser? ¿Estás satisfecho con las cosas que haces, o siempre las quieres hacer mejor? ¿No crees que ser diferente y único es lo mejor que tienes? Las páginas que siguen te harán pensar en éstas y otras cosas que te interesan.

ÍNDICE

Yo

Yo soy yo, amigos míos,
yo soy yo y nadie más;
nadie en el mundo pudiera,
pudiera ser como yo.

Ésta es mi cara, mi pelo;
éste es mi cuerpo y mi voz.

Yo soy yo, amigos míos.
Nadie en el mundo pudiera,
pudiera ser como yo.
Yo soy yo, amigos míos
y como yo, pues, ¡no hay dos!

Ela Ferrè

LECTURA COMPARTIDA

La Canción más bonita

Max Bolliger / Jindra Čapek

Érase una vez un rey.

El rey tuvo un sueño.

Vio un árbol,
y en el árbol
había un pájaro
que cantaba una canción.

Al día siguiente
el rey hizo llamar
al pajarero.
Le dijo:

«Tuve un sueño.
Vi un árbol,
y en el árbol

había un pájaro
que cantaba una canción.
Ve y atrapa el pájaro para mí».

Pero el rey
no lo sabía.
«Ve y búscalo»,
le ordenó.
«Te doy un plazo de siete días».

«De acuerdo, mi señor»,
dijo el pajarero.
«¿Qué clase de pájaro es?»

El pajarero se asustó,
pues temía
el enojo del rey.

Cogió su flauta
y su red
y se fue al jardín.
Se escondió
detrás de un muro
y tocó la canción del mirlo.

Y cuando el mirlo
salió de su nido,
lo cazó con la red,
lo encerró en una jaula
y se lo llevó al rey.

«No», dijo el rey,
«éste no es».

El segundo día
el pajarero cogió
su flauta
y su red
y se marchó al campo.
Se escondió
detrás de una cerca
y tocó la canción de la alondra.

Y cuando la alondra
salió de su nido,
la cazó con la red,
la encerró en una jaula
y se la llevó al rey.

«No», dijo el rey,
«éste no es».

El tercer día
el pajarero cogió
su flauta y su red
y se marchó al río.
Se escondió
detrás de una piedra
y tocó la canción de la oropéndola.

Y cuando la oropéndola
salió de su nido,
la cazó con la red,
la encerró en una jaula
y se la llevó al rey.

«No», dijo el rey,
«éste no es».

El cuarto día
el pajarero cogió
su flauta
y su red
y se marchó al bosque.
Se escondió
detrás de un árbol
y tocó la canción del tordo.

Y cuando el tordo
salió de su nido,
lo cazó con la red,
lo encerró en una jaula
y se lo llevó al rey.

«No», dijo el rey,
«éste no es».

El quinto día
el pajarero cogió
su flauta
y su red
y se marchó a la linde del bosque.
Se escondió
detrás de un arbusto
y tocó la canción del reyezuelo.

Y cuando el reyezuelo
salió de su nido,
lo cazó con la red,
lo encerró en una jaula
y se lo llevó al rey.

«No», dijo el rey,
«éste no es».

El sexto día
el pajarero cogió
su flauta
y su red
y se marchó al parque.
Se escondió
detrás de un pozo
y tocó la canción del ruiseñor.

Y cuando el ruiseñor salió de su nido,
lo cazó con la red,
lo encerró en una jaula
y se lo llevó al rey.

«No», dijo el rey,
«éste no es».

Pero al séptimo día
el pajarero no sabía
ninguna canción más.
Se fue delante del palacio
y no se escondió.
Cogió su flauta
y tocó su propia canción.

«Será la última vez»,
pensó,
«pues el rey me meterá
en el calabozo
y me quitará mi flauta».
Y tocó maravillosamente,
como nunca lo había hecho antes.

El rey,
que estaba desayunando,
soltó tenedor y cuchillo.
«¡Ésta es la canción!»,
gritó.
«¡Ésta es la canción
que escuché en el sueño!»

Enseguida mandó llamar
al pajarero.
«¿Dónde está el pájaro?»,
le preguntó.

«No es ningún pájaro»,
le contestó el pajarero,
«es mi propia canción».

«¿Tu propia canción?»,
le preguntó el rey,
y se asombró.

Quiso oírla
otra vez.
Y de tanta alegría organizó una fiesta.

Y después
dejó en libertad otra vez a todos los pájaros
y, naturalmente,
al pajarero también.

GLOSARIO

A

adentrarme   Penetrar: Voy a **adentrarme** en los estudios científicos.

aire   La manera cómo algo o alguien se ve: El payaso tiene un **aire** de loco.

alondra   Pájaro de color pardo y vientre blanco: La **alondra** canta muy bonito.

aprovisionamos   Adquirimos las cosas necesarias: En este mercado nos **aprovisionamos** de la comida que necesitamos.

alondra

B

bañador   Traje de baño: Se puso el **bañador** para ir a la playa.

bergantín   Barco de velas: El **bergantín** tiene varios días en el mar.

borrascas   Tormentas: Unas **borrascas** se aproximan.

brama   Grita: El toro **brama** haciendo sonidos roncos.

bergantín

C

calabozo   Celda, mazmorra: Pusieron al pirata en el **calabozo**.

cangrejo   Un crustáceo marino cubierto por concha dura: El **cangrejo** se entierra en la arena.

capitaneado   Conducido o guiado: El barco fue **capitaneado** por el pirata.

catalejo   Anteojo que sirve para ver de lejos: Necesito un **catalejo** para ver los pájaros volar.

catalejo

desprevenido   Sin preparación: La lluvia me encontró **desprevenido** porque

estaba sin paraguas.

embravece   Irrita, enfurece: El maestro se **embravece** cuando los niños no le

presten atención.

enemigo   Lo contrario de amigo: Él dejó de ser su **enemigo** cuando

jugaron juntos.

enojó   Enfadó, molestó: Mi amigo se **enojó** porque no lo

llamé.

frac   Traje elegante para hombre: Cuando te vistes de **frac** te ves muy

elegante.

fuego   Disparo de una pistola: No debes jugar con armas de **fuego**.

galopa   La marcha más rápida del caballo: El caballo **galopa** por

el campo.

galopa

gorro   Prenda de abrigo que se usa en la cabeza: Cúbrete la cabeza

con un **gorro** cuando haga frío.

grumete   Aprendiz de marinero: El **grumete** sigue las órdenes del capitán.

horizonte

hirió	Se hizo daño: El niño se **hirió** la mano cuando se cayó.
horizonte	Lugar donde se une el cielo y la tierra: El sol se pone en el **horizonte.**
husmea	Huele: Antes de comer, el gato **husmea** la comida.

icen	Suban la bandera: El capitán ordena que **icen** la bandera.

icen

libertad	Ser libre: A los pájaros les gusta vivir en **libertad**.
linde	Borde o límite: Ellos llegaron al **linde** del camino.
luceros	Estrellas brillantes: Los **luceros** son las primeras estrellas de la noche.

maravillosamente	De un modo muy bueno: Los niños se portaron **maravillosamente**.
mejillones	Animales del mar que viven dentro de una concha: Los **mejillones** estaban pegados a las rocas en la playa.
mirlo	Pájaro de color negro: El **mirlo** vuela libremente.

mirlo

naturalmente   Por supuesto: Estudié y **naturalmente** saqué buenas notas.

naufragar   Hundirse el barco: En una tormenta un barco puede **naufragar**.

ningún   Ni uno solo: No hay **ningún** espacio vacío.

oropéndola

oropéndola   Pájaro anaranjado y negro: La **oropéndola** cuida de sus hijitos.

oteo   Miro para abajo: **Oteo** todo el jardín desde mi árbol.

pajarero   Persona que cuida pájaros: El **pajarero** da comida a los pájaros.

pirata   Ladrón que recorre los mares para robar: El **pirata** Cofresí era famoso.

plazo   Cierta cantidad de tiempo: Tengo un **plazo** hasta el viernes para

                  entregar mi tarea.

reyezuelo   Pájaro de plumas muy vistosas: El **reyezuelo** es hermoso.

ruiseñor   Pájaro que tiene un canto muy agradable: Cuando el

                  ruiseñor canta, las flores parecen bailar.

rumbo   Dirección: El barco va en **rumbo** a otro país.

sostiene   Mantiene en posición: El mar **sostiene** el barco.

95

tempestades   Tormentas en el mar: En las **tempestades** los barcos pueden

naufragar.

tordo   Pájaro gris de vientre blanco: Yo he visto volar a un **tordo** por aquí.

última   Final: Ésta es la **última** semana de clases.

velerito   Pequeño barco de velas: Un **velerito** navega por el mar.

velerito